PÁSSAROS VADIOS

POR

RABINDRANATH TAGORE

1916

Tradução: Gustavo Guimarães

Título Original:
Stray Birds
Tagore, Rabindranath, 1861-1941

Tradução: Gustavo Guimarães
ISBN: 9798460067183

facebook.com/DyingTreeBooks
© 2021 Dying Tree Books

SUMÁRIO

PÁSSAROS VADIOS 5

O AUTOR 69

PÁSSAROS VADIOS

1

Pássaros vadios do verão vêm à minha janela para cantar e voar para longe. E as folhas amarelas do outono, que não têm canções, esvoaçam e caem com um suspiro.

2

Ó trupe de pequenos vagabundos do mundo, deixe suas pegadas em minhas palavras.

3

O mundo tira sua máscara de vastidão para seu amante. Torna-se pequeno como uma canção, como um beijo do eterno.

4

São as lágrimas da terra que mantêm seus sorrisos em flor.

5

O poderoso deserto está queimando pelo amor de uma folha de relva que balança sua cabeça e ri e sai voando.

6

Se você derramou lágrimas quando sente falta do sol, também sente falta das estrelas.

7

As areias em seu caminho imploram por sua música e seu movimento, água dançante. Você carregará o fardo de sua imperfeição?

8

Seu rosto melancólico assombra meus sonhos como a chuva à noite.

9

Uma vez, sonhamos que éramos estranhos. Nós acordamos para descobrir que éramos queridos um para o outro.

10

A tristeza foi silenciada em paz em meu coração, como a noite entre as árvores silenciosas.

11

Alguns dedos invisíveis, como a brisa ociosa, tocam em meu coração a música das ondas.

12

"Que linguagem é tua, ó mar?"

"A linguagem da questão eterna."

"Qual é a língua da tua resposta, ó céu?"

"A linguagem do silêncio eterno."

13

Ouça, meu coração, os sussurros do mundo com os quais ele faz amor com você.

14

O mistério da criação é como a escuridão da noite — é ótimo. As ilusões de conhecimento são como a névoa da manhã.

15

Não coloque seu amor sobre um precipício porque é alto.

16

Sento-me à janela esta manhã, onde o mundo, como um transeunte, para por um momento, acena para mim e vai embora.

17

Esses pequenos pensamentos são o farfalhar das folhas; eles têm seu sussurro de alegria em minha mente.

18

O que você é você não vê, o que você vê é a sua sombra.

19

Meus desejos são tolos, eles gritam através das tuas canções, meu Mestre. Deixe-me apenas ouvir.

20

Não consigo escolher o melhor.
O melhor me escolhe.

21

Eles jogam suas sombras diante daqueles que carregam sua lanterna nas costas.

22

Que eu existo é uma surpresa perpétua que é a vida.

23

"Nós, o farfalhar das folhas, temos uma voz que responde às tempestades, mas quem é você tão calado?" "Eu sou uma mera flor."

24

O resto pertence ao trabalho como as pálpebras aos olhos.

25

O homem é uma criança nascida, seu poder é o poder de crescimento.

26

Deus espera respostas pelas flores que nos envia, não pelo sol e pela terra.

27

A luz que brinca, como uma criança nua, entre as folhas verdes felizmente não sabe que o homem pode mentir.

28

Ó Beleza, encontre-se no amor, não na lisonja do seu espelho.

29

Meu coração bate suas ondas na costa do mundo e escreve sobre ele sua assinatura em lágrimas com as palavras: "Eu te amo".

30

"Lua, pelo que você espera?"
"Para saudar o sol por quem devo abrir caminho."

31

As árvores sobem até a minha janela como a voz de desejo da terra muda.

32

Suas próprias manhãs são novas surpresas para Deus.

33

A vida encontra sua riqueza pelas reivindicações do mundo e seu valor pelas reivindicações do amor.

34

O leito seco do rio não encontra agradecimento por seu passado.

35

O pássaro gostaria que fosse uma nuvem. A nuvem gostaria que fosse um pássaro.

36

A cachoeira canta: "Eu encontro minha música, quando eu encontro minha liberdade."

37

Não posso dizer por que este coração definha em silêncio.

É por pequenas necessidades que ele nunca pergunta, nem conhece ou lembra.

38

Mulher, quando você se desloca no serviço doméstico, seus membros cantam como um riacho em uma colina entre seus seixos.

39

O sol vai cruzar o mar do Oeste, deixando sua última saudação ao Leste.

40

Não culpe sua comida se você não tem apetite.

41

As árvores, como os anseios da terra, ficam na ponta dos pés para espiar o céu.

42

Você sorriu e não me falou nada e eu senti que por isso estava esperando há muito tempo.

43

O peixe na água está silencioso, o animal na terra é barulhento, o pássaro no ar está cantando,

Mas o Homem tem em si o silêncio do mar, o barulho da terra e a música do ar.

44

O mundo corre sobre as cordas do coração persistente, fazendo a música da tristeza.

45

Ele fez de suas armas seus deuses. Quando suas armas vencem, ele próprio é derrotado.

46

Deus se encontra criando.

47

Sombra, com o véu puxado, segue a Luz em secreta mansidão, com seus passos silenciosos de amor.

48

As estrelas não têm medo de aparecer como vaga-lumes.

49

Agradeço-te porque não sou nenhuma das rodas do poder, mas sou um com as criaturas vivas que são esmagadas por ele.

50

A mente, aguçada mas não ampla, gruda em todos os pontos, mas não se move.

51

Seu ídolo foi despedaçado para provar que o pó de Deus é maior do que o seu ídolo.

52

O homem não se revela em sua história, ele luta por ela.

53

Enquanto a lâmpada de vidro repreende o homem de terra por chamá-la de prima, a lua nasce, e a lâmpada de vidro, com um sorriso suave, a chama: "Minha querida, querida irmã".

54

Como o encontro das gaivotas e as ondas, nos encontramos e nos aproximamos. As gaivotas voam, as ondas rolam e nós partimos.

55

Meu dia acabou, e eu sou como um barco puxado na praia, ouvindo a música dançante da maré ao entardecer.

56

A vida nos é dada, nós a ganhamos a dando.

57

Chegamos mais perto da grandiosidade quando somos grandiosos em humildade.

58

O pardal tem pena do pavão com o peso de sua cauda.

59

Nunca tenha medo dos momentos — assim canta a voz do eterno.

60

O furacão busca a estrada mais curta sem estrada, e de repente termina sua busca no Lugar Nenhum.

61

Tome meu vinho em minha taça, amigo. Ele perde sua coroa de espuma quando despejado na de outras pessoas.

62

O Perfeito embeleza-se pelo amor do Imperfeito.

63

Deus diz ao homem: "Eu te curo, logo machuco, te amo, portanto castigo".

64

Agradeça a chama pelo seu acendimento, mas não se esqueça do porta-lâmpada parado na sombra com constância de paciência.

65

Grama minúscula, seus passos são pequenos, mas você possui a terra sob seus passos.

66

A flor infante abre seu botão e grita: "Querido mundo, por favor, não murche."

67

Deus se cansa de grandes reinos, mas nunca de pequenas flores.

68

O errado não pode ser derrotado, mas o certo pode.

69

"Eu dou toda a minha água com alegria", canta a cachoeira, "embora pouca água seja suficiente para os sedentos".

70

Onde está a fonte que lança essas flores em uma erupção incessante de êxtase?

71

O machado do lenhador implorou pelo cabo da árvore. A árvore deu.

72

Na solidão do meu coração sinto o suspiro desta noite de viúva velada por névoa e chuva.

73

A castidade é uma riqueza que vem da abundância de amor.

74

A névoa, como o amor, brinca no coração das colinas e traz surpresas de beleza.

75

Lemos o mundo errado e dizemos que ele nos engana.

76

O poeta vento sopra sobre o mar e a floresta em busca de sua própria voz.

77

Cada criança vem com a mensagem de que Deus ainda não desanimou o homem.

78

A grama busca sua multidão na terra.

A árvore busca sua solidão do céu.

79

O homem barricou-se contra si mesmo.

80

A tua voz, meu amigo, vaga no meu coração, como o som abafado do mar entre estes pinheiros atentos.

81

O que é essa chama invisível das trevas cujas centelhas são as estrelas?

82

Deixe a vida ser bela como as flores de verão e a morte como as folhas de outono.

88

Quem quer fazer o bem bate à porta; quem ama encontra a porta aberta.

84

Na morte, muitos se tornam um; na vida, o um se torna muitos. A religião será uma só quando Deus estiver morto.

85

O artista é amante da Natureza, portanto é seu escravo e senhor.

86

"Quão longe você está de mim, ó Fruta?" "Estou escondido em seu coração, ó Flor".

87

Esse anseio é por aquele que é sentido no escuro, mas não é visto durante o dia.

88

"Você é a grande gota de orvalho sob a folha de lótus, eu sou o menor na parte superior", disse a gota de orvalho para o lago.

89

A bainha se contenta em ser opaca quando protege a agudeza da espada.

90

Na escuridão, o Um parece uniforme; na luz, o Um aparece como múltiplo.

91

A grande terra se torna hospitaleira com a ajuda da grama.

92

O nascimento e a morte das folhas são os rodopios rápidos do redemoinho, cujos círculos mais largos se movem lentamente entre as estrelas.

93

O poder disse ao mundo: "Você é meu." O mundo o manteve prisioneiro em seu trono. O amor disse ao mundo: "Eu sou teu." O mundo deu-lhe a liberdade de sua casa.

94

O nevoeiro é como o desejo da terra. Ele esconde o sol por quem ela chora.

95

Fique quieto, meu coração, essas grandes árvores são orações.

96

O barulho do momento zomba da música do Eterno.

97

Penso em outras eras que flutuaram na corrente da vida, do amor e da morte e foram esquecidas, e sinto a liberdade de morrer.

98

O pesar da minha alma é o véu de sua noiva. Ele espera para ser levantado durante a noite.

99

A marca da morte dá valor à moeda da vida; possibilitando comprar com vida o que é verdadeiramente precioso.

100

A nuvem estava humildemente em um canto do céu. A manhã a coroou de esplendor.

101

O pó é insultado e em troca oferece flores.

102

Não demore a colher flores para mantê-las, mas siga em frente, pois as flores continuarão florescendo por todo o seu caminho.

103

As raízes são os ramos da terra. Galhos são raízes no ar.

104

A música do longínquo verão vibra em torno do outono em busca de seu antigo ninho.

105

Não insulte seu amigo emprestando-lhe méritos de seu próprio bolso.

106

O toque dos dias sem nome se apega ao meu coração como musgos em volta da velha árvore.

107

O eco zomba de sua origem para provar que ela é a original.

108

Deus se envergonha quando o próspero se gaba de Seu favor especial.

109

Lanço minha própria sombra sobre meu caminho, porque tenho uma lâmpada que não foi acesa.

110

O homem entra na multidão barulhenta para abafar seu próprio clamor de silêncio.

111

Aquilo que termina em exaustão é a morte, mas o final perfeito está no infinito.

112

O sol tem seu manto simples de luz. As nuvens estão enfeitadas com beleza.

113

As colinas são como gritos de crianças que levantam os braços, tentando pegar estrelas.

114

A estrada é solitária em sua multidão, pois não é amada.

115

O poder que se vangloria de suas travessuras é ridicularizado pelas folhas amarelas que caem e pelas nuvens que passam.

116

A terra zumbe para mim hoje ao sol, como uma mulher dançando, alguma balada dos tempos antigos em uma língua esquecida.

117

A folha de grama é merecida pelo grande mundo onde ela cresce.

118

O sonho é uma esposa que deve falar.

O sono é um marido que sofre silenciosamente.

119

A noite beija o dia que se esvai, sussurrando em seu ouvido: "Eu sou a morte, sua mãe. Devo dar-lhe um novo nascimento".

120

Eu sinto, tua beleza, noite escura, como a da mulher amada quando apaga a lâmpada.

121

Eu carrego em meu mundo que floresce os mundos que falharam.

122

Caro amigo, sinto o silêncio de seus grandes pensamentos de um entardecer cada vez mais profundo nesta praia, quando ouço essas ondas.

123

O pássaro pensa que é um ato de bondade dar ao peixe uma carona no ar.

124

"Na lua tu enviaste tuas cartas de amor para mim", disse a noite ao sol.

"Deixo minhas respostas em lágrimas na grama."

125

O Grandioso é uma criança nascida; quando ele morre, ele dá sua grande infância ao mundo.

126

Não são golpes de martelo, mas a dança da água canta os seixos até a perfeição.

127

As abelhas bebem mel das flores e murmuram agradecimentos quando vão embora.

A berrante borboleta tem certeza de que as flores devem graças a ela.

128

Ser franco é fácil quando você não espera para falar a verdade completa.

129

Pergunta o possível ao impossível: "Onde é a sua morada?"

"Nos sonhos dos impotentes", vem a resposta.

130

Se você fechar a porta para todos os erros, a verdade será fechada.

131

Ouço algumas coisas por trás da tristeza do meu coração — não consigo vê-las.

132

O lazer em sua atividade é trabalho.

A quietude do mar se agita em ondas.

133

A folha se torna flor quando ama.

A flor se torna fruto quando adora.

134

As raízes abaixo da terra não reivindicam nenhuma recompensa por tornar os ramos frutíferos.

135

Nesta noite chuvosa, o vento está inquieto. Eu olho para os galhos balançando e pondero sobre a grandeza de todas as coisas.

136

A tempestade da meia-noite, como uma criança gigante acordada na escuridão prematura, começou a brincar e gritar.

137

Tu elevas tuas ondas em vão para seguir teu amante. Ó mar, noiva solitária da tempestade.

138

"Tenho vergonha do meu vazio", disse a Palavra à Obra.

"Eu sei como sou pobre quando te vejo", disse a Obra da Palavra.

139

O tempo é a riqueza da mudança, mas o relógio em sua paródia faz com que seja mera mudança e nenhuma riqueza.

140

A verdade em seu vestido acha os fatos muito restritos.

Na ficção, ela se move com facilidade.

141

Quando viajei para cá e para lá, estava cansado de ti, ó Estrada, mas agora, quando me conduzes a todos os lugares, estou casado com ti por amor.

142

Deixe-me pensar que existe uma entre essas estrelas que guia minha vida através do escuro desconhecido.

143

Mulher, com a graça dos teus dedos tocaste nas minhas coisas e a ordem saiu como música.

144

Uma voz triste tem seu ninho entre as ruínas dos anos. Canta para mim durante a noite: "Eu te amei".

145

O fogo flamejante me avisa por seu próprio brilho.
Salve-me das brasas mortas escondidas sob as cinzas.

146

Eu tenho minhas estrelas no céu,

Mas, ó, por minha pequena lâmpada apagada em minha casa.

147

A poeira das palavras mortas se agarra a ti.

Lave tua alma com o silêncio.

148

Lacunas são deixadas na vida por meio das quais vem a triste música da morte.

149

O mundo abriu seu coração de luz pela manhã.

Saia, meu coração, com o teu amor para conhecê-lo.

150

Meus pensamentos brilham com essas folhas tremeluzentes e meu coração canta com o toque dessa luz do sol; minha vida está feliz por estar flutuando com todas as coisas no azul do espaço, na escuridão do tempo.

151

O grande poder de Deus está na brisa suave, não na tempestade.

152

Este é um sonho em que as coisas estão todas soltas e oprimem.

Eu os encontrarei reunidos em ti quando eu acordar, e serei livre.

153

"Quem está lá para assumir minhas funções?" perguntou o sol poente.

"Farei o que puder, meu Mestre", disse a lâmpada terrestre.

154

Ao arrancar suas pétalas, você não obtém a beleza da flor.

155

O silêncio carregará sua voz como o ninho que abriga os pássaros adormecidos.

156

O Grande caminha com o Pequeno sem medo.

O Medíocre se mantém indiferente.

157

A noite abre as flores em segredo e permite que o dia receba agradecimentos.

158

O poder toma como ingratidão as contorções de suas vítimas.

159

Quando nos regozijamos em nossa plenitude, podemos nos separar de nossos frutos com alegria.

160

As gotas de chuva beijavam a terra e sussurravam: — "Somos teus filhos com saudades de casa, mãe, volte para ti do céu".

161

A teia de aranha finge pegar gotas de orvalho e pega moscas.

162

Ame! Quando você vem com a lâmpada ardente da dor em sua mão, posso ver seu rosto e reconhecê-lo como uma felicidade.

163

"Os eruditos dizem que um dia suas luzes não existirão mais." disse o vaga-lume para as estrelas. As estrelas não responderam.

164

No crepúsculo da tarde, o pássaro de alguma madrugada vem ao ninho do meu silêncio.

165

Os pensamentos passam pela minha mente como bandos de patos no céu.

Eu ouço a voz de suas asas.

166

O canal adora pensar que os rios existem apenas para abastecê-lo de água.

167

O mundo beijou minha alma com sua dor, pedindo seu retorno em canções.

168

O que me oprime é minha alma tentando sair ao ar livre, ou a alma do mundo batendo em meu coração por sua entrada?

169

O pensamento se alimenta de suas próprias palavras e cresce.

170

Mergulhei o vaso do meu coração nesta hora de silêncio; está cheio de amor.

171

Ou você tem trabalho ou não.

Quando você tem que dizer: "Deixe-nos fazer algo", então começa a travessura.

172

O girassol corou para possuir a flor sem nome como sua família.

O sol nasceu e sorriu para ele, dizendo: "Você está bem, meu querido?"

173

"Quem me impulsiona como o destino?" "O Mim mesmo caminhando em minhas costas".

174

As nuvens enchem os cursos d'água do rio, escondendo-se nas colinas distantes.

175

Eu derramo água de minha jarra enquanto caminho em meu caminho,

Muito pouco resta para minha casa.

176

A água em uma vasilha é cintilante; a água do mar é escura.

A pequena verdade tem palavras que são claras; a grande verdade tem grande silêncio.

177

Seu sorriso eram as flores de seus próprios campos, sua conversa era o farfalhar de seus próprios pinheiros da montanha, mas seu coração era a mulher que todos nós conhecemos.

178

São as pequenas coisas que deixo para os meus entes queridos — grandes coisas são para todos.

179

Mulher, envolveste o coração do mundo com a profundidade das tuas lágrimas como o mar envolve a terra.

180

O sol me cumprimenta com um sorriso. A chuva, sua irmã triste, fala ao meu coração.

181

Minha flor do dia deixou cair suas pétalas esquecidas. À noite, amadurece como um fruto dourado da memória.

182

Sou como a estrada à noite, ouvindo em silêncio os passos de suas memórias.

183

O céu noturno para mim é como uma janela, e uma lâmpada acesa, e uma espera atrás dela.

184

Quem está muito ocupado fazendo o bem não encontra tempo para ser bom.

185

Eu sou a nuvem de outono, vazia de chuva, vejo minha plenitude no campo do arroz maduro.

186

Eles odiavam e matavam e os homens os elogiavam.

Mas Deus, envergonhado, se apressa em esconder sua memória sob a grama verde.

187

Os dedos dos pés são os dedos que abandonaram o passado.

188

A escuridão viaja em direção à luz, mas a cegueira em direção à morte.

189

O cão de estimação suspeita que o universo esteja planejando tomar o seu lugar.

190

Fique quieto meu coração, não levante sua poeira.

Deixe o mundo encontrar o caminho até você.

191

O arco sussurra para a flecha antes de avançar – "Sua liberdade é minha".

192

Mulher, no teu riso tens a música da fonte da vida.

193

Uma mente toda lógica é como uma faca toda lâmina.

Faz sangrar a mão que a usa.

194

Deus ama as luzes das lâmpadas do homem mais do que suas próprias grandes estrelas.

195

Este mundo é o mundo das tempestades selvagens domadas com a música da beleza.

196

"Meu coração é como o caixão de ouro do teu beijo", disse a nuvem do ocaso ao sol.

197

Ao tocar você pode matar, ao se manter afastado você pode possuir.

198

O chilreio do grilo e o tamborilar da chuva chegam até mim no escuro, como o farfalhar dos sonhos da minha juventude passada.

199

"Perdi minha gota de orvalho", grita a flor para o céu da manhã que perdeu todas as suas estrelas.

200

O tronco flamejante explode em chamas e clama: "Esta é minha flor, minha morte".

201

A vespa acha que a colmeia das abelhas vizinhas é muito pequena. Seus vizinhos pedem que ela construa uma ainda menor.

202

"Não consigo manter suas ondas", diz a margem do rio. "Deixe-me manter suas pegadas em meu coração".

203

O dia, com o barulho desta pequena terra, afoga o silêncio de todos os mundos.

204

A canção sente o infinito no ar, a imagem na terra,

O poema no ar e na terra;

Pois suas palavras têm sentido que anda e música que voa.

205

Quando o sol se põe no oeste, o leste de sua manhã está diante dele em silêncio.

206

Deixe-me não me colocar erroneamente no meu mundo e colocá-lo contra mim.

207

O elogio me envergonha, pois secretamente imploro por ele.

208

Deixe o meu não fazer nada quando não tenho nada para fazer, fico imperturbável em sua paz profunda como a noite na praia quando a água está silenciosa.

209

Donzela, sua simplicidade, como o azul do lago, revela sua profundidade de verdade.

210

O melhor não vem sozinho. Vem com a companhia de todos.

211

A mão direita de Deus é gentil, mas terrível é a sua mão esquerda.

212

Minha noite veio entre as árvores estranhas e falou em uma língua que minhas estrelas da manhã não conheciam.

213

A escuridão da noite é uma bolsa que estoura com o ouro do amanhecer.

214

Nosso desejo empresta as cores do arco-íris às brumas e vapores da vida.

215

Deus espera para recuperar suas próprias flores como presentes das mãos do homem.

216

Meus pensamentos tristes me provocam perguntando seus próprios nomes.

217

O serviço do fruto é precioso, o serviço da flor é doce, mas que o meu serviço seja o serviço das folhas em sua sombra de humilde devoção.

218

Meu coração estendeu suas velas aos ventos ociosos para a ilha sombria de Qualquer Lugar.

219

Os Homens são cruéis, mas o Homem é bom.

220

Faça-me tua taça e deixe minha plenitude ser para ti e para os teus.

221

A tempestade é como o grito de algum deus em dor cujo amor a terra recusa.

222

O mundo não vaza porque a morte não é uma fenda.

223

A vida se tornou mais rica pelo amor que foi perdido.

224

Meu amigo, seu grande coração brilhava com o nascer do sol do Oriente, como o cume nevado de uma colina solitária ao amanhecer.

225

A fonte da morte faz a água parada da vida brincar.

226

Aqueles que têm tudo menos a ti, meu Deus, riem daqueles que nada têm além de a ti mesmo.

227

O movimento da vida tem seu descanso em sua própria música.

228

Os chutes apenas levantam poeira e não colheitas da terra.

229

Nossos nomes são as luzes que brilham nas ondas do mar à noite e depois morrem sem deixar sua assinatura.

230

Que só veja os espinhos quem só tem olhos para a rosa.

231

Defina as asas do pássaro com ouro e ele nunca mais voará no céu.

232

O mesmo lótus de nosso clima floresce aqui na água estranha com a mesma doçura, sob outro nome.

233

Na perspectiva do coração, a distância parece grande.

234

A lua tem sua luz em todo o céu, suas manchas escuras em si mesma.

235

Não diga: "É manhã", e descarte-a com o nome de ontem. Veja-a pela primeira vez como uma criança recém-nascida sem nome.

236

A fumaça se gaba para o céu, e as cinzas para a terra, que são irmãs do fogo.

237

A gota de chuva sussurrou para o jasmim: "Guarde-me em seu coração para sempre".

O jasmim suspirou: "Ai de mim", e caiu no chão.

238

Pensamentos tímidos, não tenham medo de mim.

Eu sou um poeta

239

O sombrio silêncio da minha mente parece preenchido com o chilrear dos grilos — o crepúsculo cinza do som.

240

Foguetes, seu insulto às estrelas o segue de volta à terra.

241

Tu me conduziste através de minhas viagens lotadas do dia para a solidão da minha noite.

Eu espero por seu significado através da quietude da noite.

242

Esta vida é a travessia de um mar, onde nos encontramos no mesmo navio estreito.

Na morte, alcançamos a costa e vamos para nossos diferentes mundos.

243

O fluxo da verdade flui por seus canais de erros.

244

Meu coração está com saudades de casa hoje pela doce hora através do mar do tempo.

245

O canto dos pássaros é o eco da luz da manhã vindo da terra.

246

"Você é muito orgulhoso para me beijar?" a luz da manhã pergunta ao botão de ouro.

247

"Como posso cantar para ti e adorar, ó Sol?" perguntou a pequena flor.

"Pelo simples silêncio da tua pureza", respondeu o sol.

248

O homem é pior do que um animal quando ele é um animal.

249

Nuvens escuras se transformam nas flores do céu quando beijadas pela luz.

250

Não deixe a lâmina da espada zombar de seu cabo por ser afiada.

251

O silêncio da noite, como uma lamparina profunda, arde com a luz da sua via láctea.

252

Em torno da ensolarada ilha da Vida, incha dia e noite a canção ilimitada da morte no mar.

253

Não é esta montanha como uma flor, com suas pétalas de colinas, bebendo a luz do sol?

254

O real com seu significado lido errado e ênfase mal colocada é o irreal.

255

Encontre sua beleza, meu coração, no movimento do mundo, como o barco que tem a graça do vento e da água.

256

Os olhos não se orgulham de sua visão, mas de seus óculos.

257

Eu vivo neste meu pequeno mundo e tenho medo de torná-lo menos. Levante-me para o seu mundo e deixe-me ter a liberdade de perder tudo de bom grado.

258

O falso nunca pode se transformar em verdade aumentando em poder.

259

Meu coração, com suas ondas envolvidas de música, anseia por acariciar este mundo verde do dia ensolarado.

260

Grama ao lado, ame a estrela, então seus sonhos se transformarão em flores.

261

Deixe sua música, como uma espada, perfurar o barulho do mercado em seu coração.

262

As folhas trêmulas desta árvore tocam meu coração como os dedos de uma criança.

263

Essa tristeza de minha alma é o véu de sua noiva.

Ela espera para ser levantada durante a noite.

264

A pequena flor está no pó. Buscou o caminho da borboleta.

265

Estou no mundo das estradas. A noite chega. Abra o teu portão, vosso mundo de origem.

266

Eu cantei as canções do teu dia. À noite, deixe-me carregar sua lâmpada pelo caminho tempestuoso.

267

Eu não te convido para entrar em casa. Entre em minha infinita solidão, meu Amante.

268

A morte pertence à vida como o nascimento. O andar está tanto em levantar o pé como em assentá-lo.

269

Aprendi o significado simples dos teus sussurros nas flores e na luz do sol — ensina-me a conhecer as tuas palavras na dor e na morte.

270

A flor da noite estava atrasada quando a manhã a beijou, ela estremeceu e suspirou e caiu no chão.

271

Através da tristeza de todas as coisas, ouço o sussurro da Mãe Eterna.

272

Vim para a tua costa como um estranho, morei na tua casa como hóspede, deixo a tua porta como amigo, minha terra.

273

Deixe meus pensamentos virem a você, quando eu tiver partido, como o resplendor do pôr-do-sol à margem do silêncio estrelado.

274

Acenda em meu coração a estrela da noite do descanso e então deixe a noite sussurrar para mim sobre o amor.

275

Eu sou uma criança no escuro.

Eu estendo minhas mãos através da manta da noite para ti, Mãe.

276

O dia de trabalho acabou. Esconda meu rosto em seus braços, Mãe. Deixa-me sonhar.

277

A lâmpada da reunião queima por muito tempo; ela se apaga em um instante na separação.

278

Uma palavra guarde para mim em teu silêncio, ó Mundo, quando eu estiver morto, "Eu amei".

279

Vivemos neste mundo quando o amamos.

280

Que os mortos tenham a imortalidade da fama, mas os vivos, a imortalidade do amor.

281

Eu te vi como a criança meio desperta vê sua mãe no crepúsculo da madrugada e então sorri e adormeci novamente.

282

Devo morrer de novo e de novo para saber que a vida é inesgotável.

283

Enquanto eu passava com a multidão na estrada, vi teu sorriso da varanda e cantei e esqueci todo barulho.

284

O amor é a vida em sua plenitude, como a taça com seu vinho.

285

Eles acendem suas próprias lâmpadas e cantam suas próprias palavras em seus templos. Mas os pássaros cantam o teu nome na tua própria luz matinal — pois o teu nome é alegria.

286

Guia-me no centro do teu silêncio para encher meu coração de canções.

287

Deixe os que escolherem em seu próprio mundo sibilante de fogos de artifício.

Meu coração anseia por tuas estrelas, meu Deus.

288

A dor do amor cantou em minha vida como o mar sem sondagem, e a alegria do amor cantou como pássaros em seus bosques floridos.

289

Apague a lâmpada quando desejar.

Conhecerei tua escuridão e a amarei.

290

Quando eu estiver diante de ti no final do dia, você verá minhas cicatrizes e saberá que tive minhas feridas e também minha cura.

291

Algum dia cantarei para ti ao nascer do sol de algum outro mundo:

"Eu te vi antes na luz da terra, no amor do homem".

292

Nuvens vêm flutuando de outros dias para minha vida, não mais para espalhar chuva ou trazer tempestade, mas para dar cor ao meu céu do ocaso.

293

A verdade levanta contra si mesma a tempestade que espalha suas sementes.

294

A tempestade da noite passada coroou esta manhã com uma paz dourada.

295

A verdade parece vir com sua palavra final; e a palavra final dá à luz a sua próxima.

296

Abençoado aquele cuja fama não ofusca sua verdade.

297

A doçura do teu nome enche meu coração quando me esqueço do meu — como o sol da manhã quando a névoa se derrete.

298

A noite silenciosa tem a beleza da mãe e o dia clamoroso da criança.

299

O mundo amava o homem quando ele sorria. O mundo ficou com medo dele quando ele riu.

300

Deus espera que o homem recupere sua infância com sabedoria.

301

Deixe-me sentir este mundo como seu amor tomando forma, então meu amor o ajudará.

302

Tua luz do sol sorri sobre os dias de inverno do meu coração, nunca duvidando de suas flores da primavera.

303

Deus beija o finito em seu amor e o homem o infinito.

304

Atravessaste terras desérticas de anos estéreis para chegar ao momento da realização.

305

O silêncio de Deus amadurece os pensamentos do homem em palavras.

306

Tu encontrarás, Viajante Eterno, marcas de teus passos em minhas canções.

307

Não me deixes envergonhar-te, Pai, que mostras tua glória em teus filhos.

308

Desanimador é o dia, a luz sob as nuvens carrancudas é como uma criança punida com vestígios de lágrimas em suas faces pálidas, e o grito do vento é como o grito de um mundo ferido. Mas sei que estou viajando para encontrar meu Amigo.

309

Esta noite agita-se entre as folhas das palmeiras, uma ondulação do mar, Lua Cheia, como a pulsação do mundo. De que céu desconhecido carregaste em teu silêncio o doloroso segredo do amor?

310

Sonho com uma estrela, uma ilha de luz, onde irei nascer e no fundo de seu ócio acelerado minha vida amadurecerá suas obras como o arrozal ao sol de outono.

311

O cheiro da terra molhada na chuva sobe como um grande cântico de louvor da multidão do insignificante.

312

Que o amor pode perder é um fato que não podemos aceitar como verdade.

313

Saberemos algum dia que a morte nunca pode nos roubar o que nossa alma ganhou, pois seus ganhos são um com ela.

314

Deus vem a mim no crepúsculo da minha noite com as flores do meu passado mantidas frescas em sua cesta.

315

Quando todas as cordas da minha vida estiverem afinadas, meu Mestre, então, a cada toque seu surgirá a música do amor.

316

Deixe-me viver verdadeiramente, meu Senhor, para que a morte para mim se torne realidade.

317

A história do homem espera com paciência o triunfo do homem insultado.

318

Sinto o teu olhar sobre o meu coração neste momento, como o silêncio ensolarado da manhã no campo solitário cuja colheita acabou.

319

Anseio pela Ilha das Canções através deste Mar de Gritos agitado.

320

O prelúdio da noite começa com a música do ocaso, em seu hino solene à escuridão inefável.

321

Escalei o pico e não encontrei abrigo na altura desolada e árida da fama. Conduza-me, meu Guia, antes que a luz desapareça, para o vale da quietude onde a colheita da vida se transforma em sabedoria dourada.

322

As coisas parecem fantásticas nesta penumbra do crepúsculo — as torres cujas bases se perdem na escuridão e as copas das árvores como manchas de tinta. Vou esperar pela manhã e acordar para ver tua cidade à luz.

323

Eu sofri, e desesperei, e conheci a morte, e estou feliz por estar neste grande mundo.

324

Existem períodos em minha vida que são vazios e silenciosos. Eles são os espaços abertos onde meus dias ocupados tiveram sua luz e ar.

325

Liberte-me do meu passado não realizado, agarrado a mim por trás, tornando a morte difícil.

326

Que esta seja minha última palavra, que confio no teu amor.

O AUTOR

Rabindranath Tagore (1861-1941) era o filho mais novo de Debendranath Tagore, um líder do Brahmo Samaj, que era uma nova seita religiosa na Bengala do século XIX e que tentava um renascimento da base monística definitiva do Hinduísmo, conforme estabelecido no *Upanishads*.[1] Ele foi educado em casa; e embora aos dezessete anos tenha sido enviado à Inglaterra para estudar formalmente, ele não terminou seus estudos lá. Na maturidade, além da multifacetada atividade literária, administrou o patrimônio da família, projeto que o aproximou da humanidade comum e aumentou seu interesse pelas reformas sociais. Ele também começou uma escola experimental em Shantiniketan, onde experimentou seus ideais Upanishads de educação. De vez em quando, ele participava do movimento nacionalista indiano, embora de maneira não sentimental e visionária; e Gandhi, o pai político da Índia moderna, era seu amigo dedicado. Tagore foi nomeado cavaleiro pelo governo britânico em 1915, mas em poucos

---

[1] *Upanishads*, parte das escrituras *Shruti* hindus, que discutem religião e que são consideradas pela maioria das escolas do hinduísmo como instruções religiosas. Contêm também transcrições de vários debates espirituais, e 12 de seus 123 livros são considerados básicos por todos os hinduístas.

anos renunciou à homenagem como um protesto contra as políticas britânicas na Índia.

Tagore teve sucesso precoce como escritor em sua cidade natal, Bengala. Com traduções de alguns de seus poemas, ele se tornou rapidamente conhecido no Ocidente. Na verdade, sua fama atingiu um auge luminoso, levando-o através dos continentes em viagens de palestras e viagens de amizade. Para o mundo, ele se tornou a voz da herança espiritual da Índia; e para a Índia, especialmente para Bengala, ele se tornou uma grande instituição viva.

Embora Tagore tenha escrito com sucesso em todos os gêneros literários, ele foi antes de tudo um poeta. Entre seus cinquenta e tantos volumes de poesia estão *Manasi* (1890) [The Ideal One], *Sonar Tari* (1894) [The Golden Boat], *Gitanjali* (1910) [Song Offerings], *Gitimalya* (1914) [Wreath of Songs] e *Balaka* (1916) [The Flight of Cranes]. As traduções em inglês de sua poesia, que incluem *The Gardener* (1913), *Fruit-Gathering* (1916) e *The Fugitive* (1921), geralmente não correspondem a volumes específicos no bengali original; e apesar do título, *Gitanjali: Song Offerings* (1912), o mais aclamado deles, contém poemas de outras obras além de seu homônimo. As peças principais de Tagore são *Raja* (1910) [*The King of the Dark Chamber*], *Dakghar* (1912) [*The Post Office*], *Achalayatan* (1912) [*The Immovable*], *Muktadhara* (1922) [*The Waterfall*] e *Raktakaravi* (1926) [*Red Oleanders*]. É autor de vários volumes de contos e de diversos romances, entre eles *Gora* (1910), *Ghare-Baire* (1916) [*The Home and the World*] e *Yogayog* (1929) [*Crosscurrents*]. Além desses, ele escreveu dramas musicais, dramas de dança, ensaios de todos os tipos, diários de viagem e duas autobiografias, uma na meia-idade e outra pouco antes de sua morte em 1941. Tagore também deixou numerosos desenhos e pinturas, e canções para os quais ele escreveu a música sozinho.

Em 1913, Tagore tornou-se o primeiro não europeu a vencer o Prêmio Nobel de Literatura.

Ingram Content Group UK Ltd.
Milton Keynes UK
UKHW010005040423
419589UK00009B/627